사과

사과나무에 파란 사과가
조롱조롱 달렸습니다.

아버지가 사과에
종이봉지를 씌웁니다.

햇볕에 그을릴까 봐
밤이슬에 추워할까 봐

아기에게 옷을 입히듯
종이봉지를 씌웁니다.

이 책을 만들기까지 도움주신 분들

사진작가

- **김수만**
  (사)한국자연다큐멘터리 제작자협회 부회장, 한국생태사진가협회 회장.
  KBS 〈독도 365일〉, EBS 〈물총새 부부의 여름나기〉, MBC 자연 다큐멘터리 〈청호반새의 여름사냥〉, 〈저어새의 꿈〉, 〈현충원에 친구들〉 등 자연다큐멘터리, 영상물 제작사 자연다큐를 운영하고 계십니다.

- **윤순태**
  현재 docukorea 대표
  한국수달보호협회 경기도지회지회장, 한국자연다큐 제작자협의회 회원
  한국어류학회원, 천연기념물 어름치 금강복원 연구원, 멸종위기종 미호종개복원 연구원으로 계십니다.

- **김종기**
  현재 들꽃세상(www.flworld.co.kr) 운영자.
  식물의 생태를 관찰하여 알려주는 생태 사진 작가로 활동 중이십니다.
  인터넷 사이트를 운영하시며 많은 사진 자료를 보급하고 계십니다.

- **조영권**
  현재 〈자연과 생태〉 편집장으로 생태 다큐멘터리 작가.
  '곤충 세계 대 탐험전'과 '곤충의 신비전' 등 전시회를 열기도 했으며, 자연보호협회의 생태 조사 전문 위원으로 수도권의 곤충 분포 조사를 했고, 환경운동연합과 함께 곤충 탐사 프로그램을 진행했습니다.

- **홍성관**
  현재 한국출판사진가협회 회원, BOOM STUDIO 운영.
  주) 국민서관 사진팀 근무, 월간 〈자연관 어린이〉, 자연 과학 전집 〈키디사이언스〉 등 많은 작업을 하셨습니다.

- **김병주**
  현재 매거진 세상디지털 사진부 실장, 필스튜디오 대표.
  서울, 부산 광고전문 스튜디오 근무. 1995년 광고사진전문 스튜디오 오픈, 전 아이러브제주 사진부 실장을 지내셨습니다.

동시 | 김종상
국제펜클럽한국본부 수석부이사장, 한국문인협회 이사, 유석초등학교 교장. 〈서울신문〉 신춘문예 동시 당선으로 작품 활동, 대한민국문학상 본상(동시), 어린이문화대상 본상(동화) 수상하셨고, 저서로는 동시집 〈꽃들은 무슨 생각할까〉, 동화집 〈재주 많은 왕자〉 등 다수가 있습니다.

논술 | 정명숙
국제펜클럽한국본부 회원, 한국아동문학인협회 회원, 유석초등학교 교사. 한국교육신문사 꽁트부문 우수상, 월간수필문학 신인상 당선, 저서로는 〈황금을 쏟아내는 돌사자〉, 〈새교과서 수학동화〉 등 다수가 있습니다.

교정 | 곽선하
서울대학교 생물교육과를 전공하고 창덕여자중학교 교사, 현재 청운중학교 교사로 계십니다.

교정 | 안지혁
서울 초등 교육 35년간 근무.
자연 전공, 서울 경일초등학교에서 어린이들을 가르치셨고 현재 박물관 대학원에 다니십니다.

세밀화 | 김승연
현재 프리랜서 일러스트레이터로 활동하고 계십니다.
소년 소녀 가장돕기 동시화전에 4회 출품하셨으며, 교과서 삽화와 위인전기, 창작동화, 전래동화 등 많은 그림을 그리셨습니다.

세밀화 | 김백송
광고기획실 운영 및 광고 일러스트레이터로 활동하고 계십니다.
작품으로는 테마 위인동화 〈마젤란〉, 〈아인슈타인〉, 〈어린이 팔만대장경〉, 〈원리친구 원리과학〉 등 다수가 있습니다.

부록작가

- 칼라믹스 | **백영희**(한국칼라믹스 중앙협회 부회장)
- 종이접기 | **하진희**(한국 종이접기 목동 교실 원장)
- 생태학교 | **조영권**(자연과 생태 편집장)
- 도감 | **이종배**

글 | 예종화
아동문학가. 특히 유아대상 자연관찰을 기획·집필하고 계십니다.
주요 경력은 다년간 일본 강담사(講談社) 해외 편집부 근무하셨습니다.
대표적인 자연 과학 기획물은 〈하이디 과학탐구〉 전 80권, 〈신비한 플랑크톤 자연관찰〉 전 30권, 〈애니콜 자연과학탐구〉 전 60권, 〈방글방글 자연방 이야기〉 전 60권, 〈도담도담 자연관찰〉 전 60권, 〈똑똑 자연 톡톡 관찰〉 전 80권 등 많은 자연 과학을 기획·집필 하셨습니다.

글 | 김영이
오랜 동안 중·고등 학생 대상의 참고서 및 문제집 등을 집필·편집해 온 경력을 바탕으로, 지금껏 어린이들을 위한 아동 과학 도서 및 위인전, 동화 등을 집필하고 계십니다.
쓴 책으로는 〈도담도담 자연관찰〉 전 60권, 〈원리친구 과학동화〉 전 64권, 〈그림 삼국유사〉 전 36권, 〈똑똑 자연 톡톡 관찰〉 전 80권, 〈테마 위인동화〉 시리즈 외에 다수가 있습니다.

새콤달콤 맛있는 과일

펴낸 이 · 이행순
펴낸 곳 · (주)한국글렌도만
출판등록 · 1996년 1월 25일
주소 · 서울시 종로구 충신동 25-36
공급처 · (주)한국슈타이너
대표 · 조창호
전화 · 02)741-4621
FAX · 02)765-4584
기획총괄 · 예종화
기획주간 · 김영이
편집진행 · 조정희
교정 · 곽선하, 안지혁
디자인 · 강대현, 정세화, 한수지, 박진영, 서영란
　　　　손은숙, 김우형, 권신혜(표지)
사진제공 · 타임스페이스 - Minden picture, photopark / (주)토트랩
　　　　이미지클릭 - NHPA, photo research / 예상해(名品기획)

2007 ⓒ steiner korea

● 잘못 만들어진 책은 바꾸어 드립니다.

ISBN 89-16-03586-4
ISBN 89-16-03576-7(세트)

이 책에 실린 글과 그림 등의 저작권은 (주)한국글렌도만에 있습니다.
본사의 허락없이 이 책에 실린 내용의 일부 또는 전체를 어떤 형태로든 변조하거나 무단 복제하는 것은 법으로 금지되어 있습니다.

테마별 자연 나라, 생태 탐구 자연관찰

30_식물

새콤달콤 맛있는
과일

(주)한국슈타이너

과일은 과일나무의 자손

과일은 과일나무의 열매예요.
과일나무가 자손을 퍼뜨리기 위해
꽃을 피워 열매를 맺어서
생명의 씨를 품고 있는 것이지요.
빨강·주황·노랑·초록 저마다 예쁜
색깔로 맛있는 향내를 풍기는 까닭은,
"나를 따서 먹고 씨를 심어 주세요."
하는 소리 없는 신호예요.

과학 이야기
과일 열매의 특징

과일나무는 원래 산이나 들에서 자라던 것을 사람들이 입맛에 맞는 것을 골라 재배하면서 품종을 다양하게 개량해 온 것이에요. 과일의 특징은 수분이 많고, 새콤달콤한 과즙과 과육이 많고, 향기가 좋은 점이에요. 과일의 색깔은 어려서는 대부분 녹색이지만 씨가 단단히 영글고 열매가 익어 가면서 껍질도 빨강색·노랑색·주황색 등 저마다 화려하고 예쁜 독특한 색깔로 변해요.

▼ 단감은 속살이 단단한 데 비해 홍시는 말랑말랑하고 부드러워요.   ▲ 감나무는 6월에 노란 감꽃이 피었다 지면 작은 초록 열매를 맺어요.

↑ 가을이 되면 감나무의 초록 열매는 주황색으로 익어 가면서 떫은맛도 사라지고 달콤해져요.

늦가을에야 익는 감

감나무는 봄이면 노란 감꽃을 피워요.
벌 나비들이 가루받이를 해 주면
작은 열매를 맺지요.
서리가 내리는 가을이 오면
열매에 당분을 저장하기 시작해요.
그러면 초록 열매는 누르스름해지다가
씨가 완전히 여물고 속살이 달게 익으면
예쁜 주황색으로 변신해 가지요.

← 감 껍질을 벗겨서 말리면 하얀 분가루가 나오면서 곶감이 돼요.

➡ 살구나무는 4월이면 묵은 가지에 꽃자루가 거의 없는 연분홍 꽃을 잎보다 먼저 피워요.

새콤달콤한 살구

살구나무는 봄이면 자손을 늘리기 위해
가지마다 연분홍 꽃을 피워요.
꽃이 지면 초록 열매를 맺고 점점 커져요.
마침내 열매 속의 씨가 영글면,
"음, 이제 누구든지 먹고 싶게 만들어야지."
하며 노란 모습으로 익어 가요.
그럼 사람들은 새콤달콤한 맛과 향내에
군침을 흘리며 냉큼 따 먹어요.

← 살구나무의 원산지는 중국으로 주로 집 주위에 많이 심어요.

↑ 살구는 지름 3cm 되는 동그란 열매로 익으면 노랗게 되는데, 겉에 솜털이 많고 속에 단단한 씨가 1개 들어 있어요.

종류가 다양한 살구

살구는 품종에 따라 색깔이나 신맛과 단맛의 차이가 많아요. 잘 익은 황적색 살구에는 비타민 A가 많이 들어 있어 건강에 좋으며, 씨는 '행인'이라 하여 한약재의 재료로 쓰이고 화장품의 원료로도 쓰여요.
흔히 '빛 좋은 개살구'라는 말을 쓰는데, 개살구는 개살구나무의 종자로 겉모습은 살구와 비슷하나 맛이 몹시 시고 떫어요.

➤ 우리 나라에서 재배되는 자두의 크기는 지름이 7cm쯤 되는데, 1920년 이후 유럽에서 들어와 과수나무로 재배되기 시작했어요. 열매는 둥그란 달걀 모양인데 밑부분에 살짝 골이 져 있어요.

➤ 자두나무는 '자도나무', '오얏나무' 라고도 부르는데 4월에 잎보다 먼저 흰 꽃이 피어요.

➤ 7월이면 자두는 노란색 또는 붉은색을 띤 자주색으로 익어요.

하얀 꽃을 피우는 자두나무

자두나무는 봄이면 하얀 꽃을 피워요.
꽃이 지고 나면 맨들맨들한
초록 열매를 가지마다 맺지요.
열매가 초록색으로 달려 있는 것은,
"난 아직 씨가 덜 여물었어요."
하는 뜻이에요.
씨가 단단히 여물면 자두나무는
열매의 과육을 새콤달콤하게 만들고
껍질도 붉게 물들여요.

➔ 자두나무 잎은 긴 타원형으로 가장자리에 톱니가 있어요.

↓ 자두는 생과일로도 먹고 잼이나 파이로 가공해서 먹기도 해요.

↑ 복숭아나무의 꽃은 4~5월에 잎보다 먼저 피어요.

↑ 복숭아나무 열매는 꽃의 씨방이 발달한 것으로 어린 열매는 초록색 껍질에 솜털이 하얗게 나 있어요.

↑ 복숭아는 수분이 많고 과육이 부드러워 인기가 높은 여름 과일이에요.

껍질에 털이 있는 복숭아

복숭아나무는 솜털이 있는 열매를 맺어요.
복숭아나무 잎들이 땡볕 아래서 열심히
광합성을 해서 양분을 보내 주면 열매들은
어른 주먹만큼 커져요.
이윽고 한여름이 되면 나무는,
"내 열매는 매우 부드럽고 달콤해요.
농부 아저씨, 어서 따서 맛을 보세요."
하는 듯이 열매 껍질을 빨갛게 물들여요.

↑ 포도나무는 덩굴식물로 품종에 따라 녹색·자주색·보라색 열매가 달리며, 포도알의 크기도 차이가 있어요.

← 포도나무 꽃은 새순이 난 가지에서 노란 작은 꽃들이 포도송이처럼 피어요.

⬆ 포도는 늦여름에 나오는 과일로 둥그란 열매가 송이송이 달려요.

⬅ 과일은 껍질에 들어 있는 색소의 종류와 양에 따라 고유의 색깔을 띠어요.

송이송이 달리는 포도

포도나무는 봄이면 덩굴줄기에
연두색 작은 꽃들이
모여 피면서 이삭을 이루어요.
꽃이삭이 떨어진 자리에 송이송이
맺힌 작은 초록 열매들이 자라,
한여름 검게 그을린 얼굴에
분칠을 하고 나면 뽐내듯 말하지요.
"주인님, 맛있게 익었으니 잡수세요."

↑ 배는 황갈색이 나면서 껍질이 두껍지 않고 큰 것일수록 맛이 좋아요.

→ 배의 씨방 안에는 까만 씨가 들어 있으며, 과육에는 오돌토돌한 석세포들이 있어요.

달콤하고 시원한 배

배는 시원하고 달콤한 맛이 일품이에요.
가을이 오면 배나무는 어른 주먹보다
큰 열매 속 한가운데에 씨앗을 품고,
사각사각 씹히는 속살에 달콤하고
시원한 물을 가득 채워요.
그래야 사람들이 맛있게 먹고
자손인 씨를 널리 퍼뜨려 주거든요.

▼ 사과꽃은 4월 말부터 5월 초순경 잎이 나온 뒤에 연분홍 꽃봉오리가 맺혔다가 꽃이 피는데 꽃색깔은 점차 하얗게 변해 가요.

▼ 사과 열매는 꽃턱이 자라서 된 것이에요.

↑ 사과나무 잎이 광합성을 하면 녹말이 만들어지고, 녹말은 열매로 가서 양분이 돼요.

꽃턱이 부풀어오른 열매

사과나무 꽃은 붉은빛이 도는 흰빛이에요.
벌 나비들이 가루받이를 해 주고 나면
콩알만한 작은 초록 열매들이 맺혀요.
이 초록 열매들은 꽃턱이 볼록볼록
부풀어올라서 된 것이에요.
잎들이 부지런히 양분을 만들어 주면
초록 열매들은 매일매일 조금씩 커 가요.

→ 어린 열매는 세포가 늘어나면서 점점 커져요.

▼ �른 사과 껍질에는 엽록소가 많이 들어 있어요.

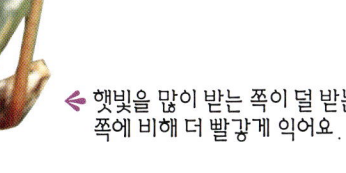
햇빛을 많이 받는 쪽이 덜 받는 쪽에 비해 더 빨갛게 익어요.

빨갛게 익는 새콤달콤한 사과

가을이 오자 초록색이던 사과가
빨갛게 탐스럽게 익었어요.
여름내 뜨거운 햇볕을 쬐고 난 덕분이지요.
새콤달콤한 맛과 씨방 속에 단단한
씨앗을 품고 껍질을 빨갛게 물들였어요.
한 입 베어 물면 아삭아삭 새콤달콤한
단물이 입 안에 향기롭게 퍼질 거예요.

잘 익은 사과의 속살은 단맛이 강하고 씨방 속의 작은 씨는 짙은 갈색이에요.

사과 껍질이 빨갛게 변하는 것은 껍질 속에 있는 붉은 안토시안 색소 때문이에요.

빨간 구슬처럼 작은 열매

앵두나무에 구슬처럼 앵두가 열렸어요.
봄에 잎보다 먼저 꽃을 피우고 열매를 맺더니
6월이 오자 초록 열매가 빨간 구슬처럼 익었어요.
자그마한 빨간 열매 속에는 단단한 씨가,
"달콤한 과육만 먹고 씨는 땅에 묻어 주세요."
하는 듯이 동그란 모습으로 떡 버티고 있답니다.

↘ 앵두나무는 4월에 잎보다 먼저 연분홍빛이 나는 작은 꽃을 피워요.

➔ 앵두꽃 속의 암술은 1개이고 수술은 많아요.

↑앵두는 지름 1cm 가량 되는 작은 열매로 6월이 되면 빨갛게 익는데 열매 속에 단단한 씨가 1개 있어요.

↑ 밤꽃은 6월에 피는데, 수꽃들은 새 가지에 조르르 모여서 솔같은 모양으로 피어요.

과학 이야기
3대 과일에 드는 밤

밤은 잣, 땅콩, 호두와 같은 견과류에 속하는 과일로 옛날부터 대추, 감과 함께 우리 나라에서는 3대 과일로 손꼽혔어요. 그래서 제사 때면 으레 껍질을 깐 밤을 제사상에 올리고, 혼례를 올릴 때는 자식을 많이 낳으라는 뜻의 다복과 부귀의 상징으로 쓰였어요. 밤에는 수분, 당질, 단백질, 지방 등의 영양소가 들어 있는데, 6개만 먹어도 쌀밥 반 공기의 열량을 낸다고 해요.

↑ 밤나무의 암꽃은 수꽃 이삭 밑에 2~3개씩 모여서 피어요.

➡ 밤나무는 암수한그루로 꽃향내가 진해서 벌들이 꿀을 모으러 많이 찾아와요.

↑ 밤나무는 씨가 영글 때까지 가시로 열매를 감싸고 있어요.

가시 옷으로 무장한 열매

밤나무도 어엿한 과일나무예요.
6월경 하얀 밤꽃이 필 때면 벌들이
웅웅거리며 다투어 찾아오지요.
밤꽃에는 달콤한 꿀이 아주 많거든요.
밤나무는 하얀 밤꽃이 지고 나면
작은 열매에 고슴도치처럼 따끔따끔한
가시 옷을 입혀서 가지에 달아요.
열매를 안전하게 보호하려는 뜻이지요.

⬆ 가을이 되면 밤나무는 씨를 퍼뜨리기 위해 밤송이를 벌려서 알밤이 저절로 튀어나가게 만들어요.

겹겹이 보호를 받는 알밤

9~10월이면 밤나무의 초록 밤송이는
누런 갈색으로 변해 가요.
이윽고 밤송이가 벌어지면 알밤들이
빠끔히 얼굴을 내밀지요.
둘씩 셋씩 몸을 마주 대고 있다가 문득
윤기나는 갈색 껍질을 보이며 나타나요.
갈색 껍질 안에는 떫은맛이 나는 얇은
속껍질이 씨를 이중으로 보호하고 있지요.

밤은 열매 자체가 씨이며 우리가
먹는 부분은 씨의 떡잎이에요.

↑ 대추꽃은 초여름에 피는 양성화로 꽃은 매우 작고 연둣빛이에요.

대추나무 시집보내기

음력 5월 5일은 단옷날로 창포물에 머리를 감거나 그네뛰기, 씨름 등 여러 가지 세시 풍속이 있는데, 그 가운데 한 가지로 대추나무 시집보내기가 있어요.
대추나무 시집보내기란 단옷날 정오에 대추나무 가지를 쳐 주거나 가지 사이에 돌을 끼워 넣는 것으로, 대추나무에 대추가 많이 달리기를 소원하는 뜻이 들어 있어요.

새알처럼 작은 과일

대추나무 꽃은 아주 작은 별 같아요.
잎사귀 색깔을 닮은 연둣빛이어서
구별이 안 될 지경이지요.
꽃이 지면 좁쌀처럼 열매들이 맺히고
여름을 지나면 새알처럼 커져요.
씨가 영글면 껍질은 빨갛게 변하고
속살은 달콤한 맛을 간직하지요.

↑ 대추는 갸름한 타원형으로, 날로도 먹지만 보통은 말려서 제사용이나 약으로 이용해요.

↓ 수분이 마르면 껍질은 쭈글쭈글하지만 맛은 한층 더 달콤해져요.

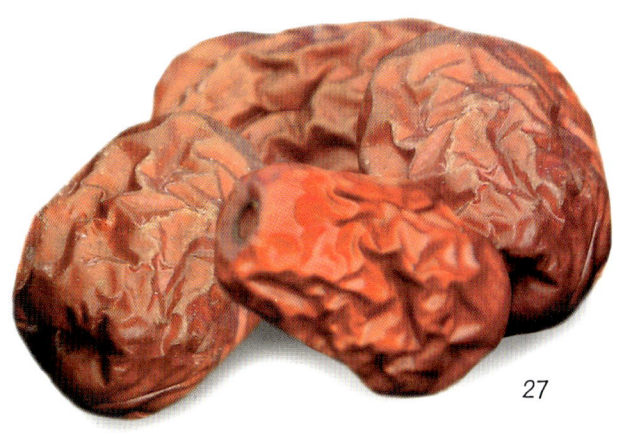

↑ 석류꽃의 꽃받침은 끝이 5~7갈래로 갈라져서 꽃을 통처럼 감싸고 있어요.

↑ 석류나무는 5~6월에 가지 끝이나 잎겨드랑이에 붉은 꽃을 피워요.

신맛이 강한 빨간 석류

석류는 신맛이 나는 과일이에요.
가을에 씨가 익으면 껍질이 쭉쭉 터지면서
빨갛고 투명한 씨를 홀랑 내보여요.
껍질 속은 여러 개의 방으로 나뉘어서
작고 붉은 주머니들로 채워져 있지요.
이 주머니들은 붉은 즙이 많은 과육으로
씨를 보호하는 일을 해요.

↓ 석류 열매는 씨방이 자라난 것으로 씨방은 꽃받침 속에 묻혀 있어요.

← 석류는 열매가 익으면 껍질이 저절로 터지는데, 속에 신맛이 나는 붉은 씨들이 들어 있어요.

껍질이 우둘투둘한 감귤

귤나무는 따뜻한 남쪽 제주도에서
늘푸른나무로 자라고 있어요.
6월에 하얀 꽃이 지면서 열린 초록 열매는
가을이 오면 노랗게 익어요.
귤은 겉껍질이 우둘투둘 곰보예요.
겉껍질 속에는 여러 개의 방이 있고
각 방에는 반달처럼 생긴 속살이
새콤달콤한 맛을 품고 칸칸이 있답니다.(★)

⬆ 우리 나라 제주도에서는 다양한 품종의 귤을 재배하고 있어요.

⬇ 감귤류의 원산지는 인도 동부 지역과 중국의 양쯔강 상류예요.

← 귤꽃은 희며 꽃잎이 5장이에요.

↓ 귤꽃이 지고 나면 껍질이 우둘투둘한 작은 초록 열매가 맺혀요.

↓ 초록 열매는 지름 3~4cm로 자라서 10월이면 껍질이 노랗게 익기 시작해요.

↓ 귤은 씨방이 자라서 된 열매로 겉껍질 속에 속껍질이 또 들어 있으며 칸칸이 나뉜 방에 과육이 들어 있어요.

새콤달콤 맛있는 과일

과일나무 재배의 역사와 과일의 특징

과일은 사람이 먹는 나무 열매로 흔히 과실이라고도 합니다. 과일나무는 원래 산에서 자라던 것을 사람들이 입맛에 맞는 것을 골라 오랜 세월 품종을 개량하면서 재배해 온 것입니다. 이러한 과일나무의 재배 역사는 대략 5000~6000년 전으로 거슬러 올라가 인류 문명의 발상지인 이집트, 메소포타미아, 중국 등지에서 처음 비롯되었다고 합니다.

우리가 즐겨 먹는 과일에는 살구·복숭아·사과·배·포도·귤 등이 있는데, 이들은 한결같이 과즙이 풍부하고 달고 새콤한 맛이 나며 독특한 향이 있습니다. 이 밖에 수분이 적은 견과류로는 밤·은행·잣·호두 등이 있습니다.

↑ 배는 꽃턱이 발달하여 과육부를 형성한 것으로 수분이 많아요.

↓ 복숭아, 감, 감귤은 꽃의 씨방이 발달하여 과육이 된 열매예요.

수분이 많은 열매의 분류

우리가 흔히 먹는 과일들은 수분이 많습니다. 이들을 특징별로 열거해 보면 아래와 같이 나눌 수 있습니다.

첫째, 과육에 수분이 많고 중심에 1개의 단단한 씨가 들어 있는 열매입니다. 이러한 열매에는 앵두, 살구, 복숭아 등이 있습니다.

둘째, 과육에 수분이 많고 씨가 여러 개 들어 있는 열매들입니다. 여기에 속하는 것으로는 포도, 사과, 배, 포도, 감귤, 바나나, 석류 등이 있습니다.

셋째, 파인애플, 무화과처럼 여러 개의 열매가 모여서 하나처럼 된 열매가 있습니다.

↑ 밤은 겉껍질이 단단한 견과류로 우리가 먹는 부분은 곡류나 콩류처럼 떡잎으로 이루어졌어요.

→ 사과는 꽃턱이 발달하여 과육부를 형성한 것으로 수분이 많으며 주성분은 탄수화물이에요.

슬기로운 생활 1-2의 3단원 '가을 마당', 2-2의 3단원 '주렁주렁 가을 동산', 6-1의 5단원 '주변의 생물'과 관련하여 과일의 특징에 대하여 알아봅니다.

각기 다른 열매 맺기 방법

과일나무의 꽃이 수정을 하고 나면 꽃자루는 열매의 꼭지가 되고, 꽃잎·암술·수술 등은 열매가 맺고 나면 떨어져 버립니다. 이 때 열매가 맺는 방법에는 씨방이 자라서 열매로 변신하는 것과, 씨방 이외의 부분 예를 들면 꽃받침이나 꽃턱이 자라서 열매를 맺는 종류들이 있습니다.

우리가 먹는 과일 중에 씨방이 자라서 된 것으로는 감, 복숭아, 감귤, 바나나, 석류 등이 있습니다. 이에 비해 사과·배 등은 꽃턱이 발달한 것이고, 먹지 않고 버리는 딱딱한 부분은 씨방이며, 씨방 속에는 나무의 자손인 씨가 들어 있습니다.

◁ 포도 색깔은 껍질 속에 들어 있는 안토시안 색소의 양에 따라 검붉은색, 보라색 등 색깔의 차이가 있어요.

과일의 다양한 색깔들

과일의 생김새, 크기, 색깔은 종류마다 다릅니다. 어린 과일일 때는 대부분 녹색을 띠는데, 그 까닭은 과일 껍질이나 과육 표면 가까운 부분에 녹색 색소인 엽록소가 들어 있기 때문입니다. 그러나 충분히 햇빛을 받고 익으면 과일 껍질에 들어 있는 색소의 종류와 양에 따라 고유의 색깔을 띠게 됩니다.

가령, 복숭아는 껍질에 솜털이 많고 색깔은 연분홍색으로 익습니다. 이에 비해 자두는 겉껍질이 매끄럽고 붉거나 약간 노르스름한 색깔로 익으며, 사과 역시 겉껍질이 매끄러우며 색깔은 빨강·노랑·초록색이 있습니다. 배는 황금색에 가까운 노랑색으로 익고, 포도는 여러 개의 알갱이들이 송이를 이루며 품종에 따라 초록색·검붉은색·연붉은색을 띱니다.

▽ 덜 익은 감은 떫은맛이 나는데, 그 이유는 타닌 성분 때문이에요.

▷ 파인애플은 여러 개의 꽃에서 자란 열매가 오밀조밀하게 1개처럼 모인 열대 과일이에요.

▽ 바나나 열매는 씨방이 자라난 것으로 열매 속에는 씨가 없어요.

슬기로운 생활 1-2의 3단원 '가을 마당', 2-2의 3단원 '주렁주렁 가을 동산', 6-1의 5단원 '주변의 생물'과 관련하여 과일의 특징에 대하여 알아봅니다.

올빼미 자연관찰 **통합교과형**
서술 및 논술형 문제 익히기

* 〈올빼미 자연 관찰〉을 통해 익힌 동식물의 생태와 자연 현상을 문제를 풀어 재확인함으로써 사고력·논리력·창의력의 성장은 물론 통합교과형 논술에도 강한 어린이가 될 것이다.

 기본형 문제 1

다음에서 초여름에 나오는 과일끼리 묶여 있는 것은?

① 사과, 배   ② 앵두, 살구   ③ 대추, 밤
④ 자두, 복숭아   ⑤ 석류, 수박

 기본형 문제 2

다음 중 새콤달콤한 수분이 많이 들어 있지 않은 과일은?

① 석류   ② 밤   ③ 복숭아   ④ 귤   ⑤ 앵두

 기본형 문제 3

다음에서 과일의 특징을 잘못 말한 것은?

① 대추-말리면 수분이 줄어들어서 맛이 더 달콤해져요.
② 사과-껍질이 빨간 것은 안토시안 색소가 들어 있기 때문이에요.
③ 복숭아-살이 물러서 금방 잘 썩어요.
④ 배-과육에 물이 많고 오돌토돌한 석세포가 들어 있어요.
⑤ 감귤-과육 속에 신맛이 나는 붉은 씨들이 잔뜩 들어 있어요.

 다음 글을 읽고, 물음에 답해 보세요.

> 지수가 엄마를 따라 과일 가게에 갔어요. 울긋불긋 온갖 과일들이 진열되어 있었지요.
> 빨간 사과, 노르스름한 배, 불그스름한 복숭아, 빨간 딸기와 구슬처럼 자그마한 앵두까지 골고루 있었어요.
> "으응? 이상하다. 저건 과일이 아닌데, 왜 과일 가게에 있지?"
> 지수가 눈이 동그래져서 가리켰어요.

 기본형 문제 4

지수가 과일이 아니라고 가리킨 것은 무엇일까요?

① 사과   ② 배   ③ 복숭아   ④ 딸기   ⑤ 앵두